• **VOYAGE FÉERIQUE AU COEUR DE LA FÊTE DES LUMIÈRES** 23′
9 versions audio

FRANCAIS ENGLISH ESPANOL DEUTSCH ITALIANO OCCITAN JAPANESE CHINESE РУССКИЙ

• **LES ARTISTES & LEURS OEUVRES** 60′

FRANCAIS ENGLISH

W0383655

Découvrez les oeuvres dévoilées par les artistes eux-mêmes.
Discover works of art described by the artists themselves.

Accès direct aux œuvres via les chapitres du DVD.

Total vidéo : 100 minutes
Un film de Christian Salès

BONUS DVD
Historique du 8 décembre 9′40
Statue de la Vierge Dorée 3′53
Lyon sous la neige… 3′01
Trailers

Lyon 8 décembre
fête des lumières

VOYAGE FÉERIQUE AU CŒUR DE LA FÊTE DES LUMIÈRES

ÉDITIONS CHRISTIAN SALÈS

PLACE BELLECOUR - I LOVE LYON (Jacques Rival) 2007 - DVD Chapitre 2

INTRODUCTION

Chaque 8 décembre, les lyonnais installent des lumignons sur leurs fenêtres. Ils descendent ensuite dans la ville illuminée, pendant que d'autres suivent la procession en l'honneur de la Vierge Marie jusqu'à la basilique de Fourvière.

La tradition des Illuminations a donné naissance à la Fête des Lumières. Cet événement est devenu, au fil du temps, un grand festival international où des artistes viennent sublimer la ville avec des spectacles et des scénographies de lumière. Aujourd'hui, plus de trois millions de visiteurs se donnent rendez-vous à cette grande manifestation consacrée aux artistes de la lumière pendant quatre soirs de décembre, à Lyon.

Promenons-nous dans Lyon, pendant la Fête des Lumières. Découvrons les oeuvres dévoilées par les artistes eux-mêmes sur les programmes du DVD ci-joint. Suivons-les à travers des rencontres privilégiées, ressentir l'âme du 8 décembre à Lyon.

Every 8th of December, the people of Lyons arrange lanterns at their windows before going out into the illuminated city. Some join the procession in honour of the Virgin Mary as it advances towards Fourvière Basilica.

These traditional illuminations gave rise to the «Fête des Lumières»– now established as a major international festival, attracting three million visitors to Lyon every year. For four evenings in December, artists swathe the city in magnificent robes of light.

Let's stroll through the «Fête des Lumières» and discover works of art described by the artists themselves on DVD program. Privileged encounters plunge us deep into the spirit of the 8th of December in Lyons.

QUAIS DE SAÔNE - COURANT DE LUMIÈRE (Frédéric Godeau) 2010 - DVD Chapitre 3

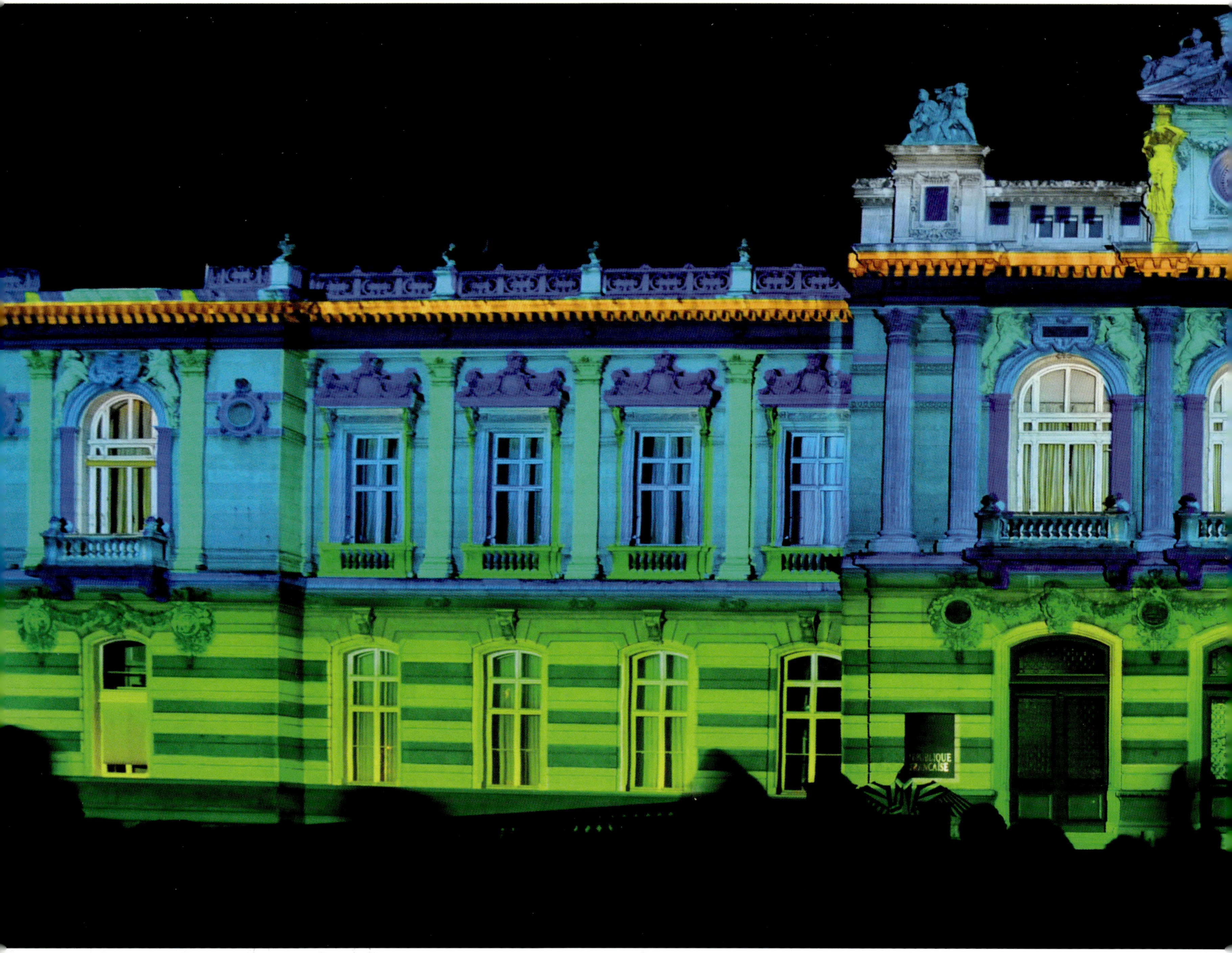

HÔTEL DU DÉPARTEMENT - PRÉFECTURE - LES LUMIGNONS ENCHANTÉS (Damien Fontaine) 2009 - DVD Chapitre 4

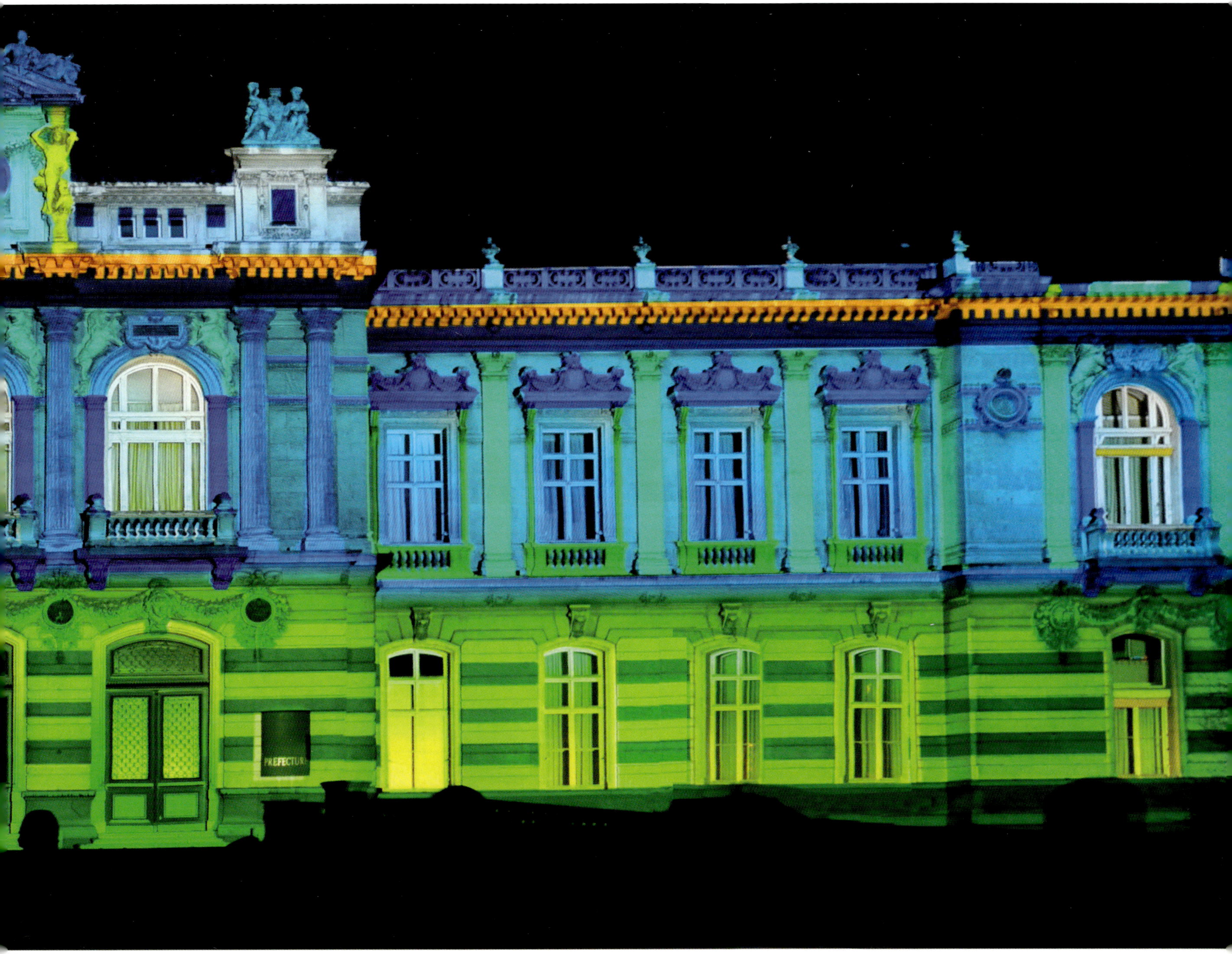
PREFECTURE

QUAIS DE SAÔNE - COURANT DE LUMIÈRE (Frédéric Godeau) 2010 - DVD Chapitre 3

Lyon, vue depuis la colline de Fourvière, le 8 décembre 2009.

PLACE DES TERREAUX - HOMMAGE À BARTHOLDI, PLACE À LA FONTAINE (Patrice Warrener) 2010 - DVD Chapitre 5

PLACE DES TERREAUX - HOMMAGE À BARTHOLDI, PLACE À LA FONTAINE (Patrice Warrener) 2010 - DVD Chapitre 5

PLACE DES TERREAUX - JOUONS AVEC LES TEMPS (Marie-Jeanne Gauthé - Fabrice Chouiller) 2010 - DVD Chapitre 6

PLACE DES TERREAUX - JOUONS AVEC LES TEMPS (Marie-Jeanne Gauthé - Fabrice Chouiller) 2010 - DVD Chapitre 6

PLACE DES TERREAUX - ON DIRAIT QUE… (Les allumeurs d'images) 2008 - DVD Chapitre 7

PLACE DES TERREAUX - ON DIRAIT QUE... (Les allumeurs d'images) 2008 - *DVD Chapitre 7*

LES ORIGINES

Tous les 8 décembre, à la tombée de la nuit, les lyonnais alignent des lumignons – le plus souvent, il s'agit d'un petit pot en verre peint par un enfant avec une bougie à l'intérieur - sur le rebord des fenêtres de leur habitation. Ils descendent ensuite dans la ville illuminée, pendant que d'autres participent à la traditionnelle montée aux flambeaux jusqu'à la basilique de Fourvière.

Cette grande procession en l'honneur de la Vierge Marie, rappelle les origines de la Fête des Lumières et nous ramène en 1852, lors de l'inauguration de la statue de la Vierge dorée. La date du 8 septembre fête de la Nativité de la Vierge avait été retenue, mais une crue de la Saône avait fait reporter la cérémonie au 8 décembre.
Malheureusement, le jour dit, la pluie et le vent viennent perturber les célébrations. Un grand feu d'artifice est prévu et les notables doivent illuminer les façades de leurs immeubles. Les organisateurs reportent une nouvelle fois la fête. Mais, comme par miracle, en début de soirée, les intempéries cessent et, dans un élan spontané, tous les habitants se précipitent à leurs fenêtres et allument des lampions. Toute la ville s'embrase et fêtera l'anniversaire de cet événement chaque année.

Cette tradition des Illuminations, arrivée jusqu'à nous, a donné naissance à la Fête des Lumières - l'événement européen le plus important dans le domaine des scénographies lumineuses urbaines.

THE ORIGINS

Every 8th of December, as night falls, the people of Lyon set tea-lights at their windows before going down into the illuminated city. Some participate in the traditional torch-lit procession to Fourvière Basilica in honour of the Virgin Mary.

This huge procession is a reminder of the origins of the Festival of Lights, taking us back to 1852 and the inauguration of the golden statue of Mary. September 8 had originally been selected as it marks the Nativity of the Virgin Mary. But the River Saône rose out of its bed on that day, causing the ceremony to be postponed until December 8. A huge firework display had been planned and the city's notables were to light up the fronts of their buildings. But unfortunately, rain and wind disrupted the celebrations. The organisers therefore postponed the celebrations once again. But, as if by miracle, early in the evening, the weather calmed down. In a surge of spontaneity, all of the city folk rushed to light lamps at their windows. The entire city was aglow.

Lyon celebrates the anniversary of this event every year with traditional illuminations that continue today in the form of the «Fête des Lumières» – the biggest urban light show in Europe.

LES LUMIGNONS DU CŒUR - DVD Chapitre 8

LE JARDIN DU MUSÉE DES BEAUX-ARTS PALAIS SAINT-PIERRE - JUNGLE URBAINE
(Direction de l'éclairage public - Bureau d'étude - ville de Lyon) 2010 - DVD Chapitre 9

LE JARDIN DU MUSÉE DES BEAUX-ARTS PALAIS SAINT-PIERRE - JUNGLE URBAINE
(Direction de l'éclairage public - Bureau d'étude - ville de Lyon) 2010 - DVD Chapitre 9

PLACE LOUIS PRADEL - MON JARDIN PUBLIC (TILT) 2009 - DVD Chapitre 10

PLACE LOUIS PRADEL - PÊCHEURS D'ÉTOILES (Carole Ferreri - Akari - Lisa Ishii) 2007 - DVD Chapitre 11

MONTÉE DE LA GRANDE CÔTE - LES ÉCO-ENVAHISSEURS (Yves Caizergues) 2010 - DVD Chapitre 12

MONTÉE DE LA GRANDE CÔTE - LE JARDIN DES LUMIERES EN FLEURS (Gilbert Moity) 2008 - DVD Chapitre 13

Merci
Marie

CHEVET DE L'ÉGLISE SAINT-NIZIER - «RÉGÉNÉRATION» NATURELLE (Direction de l'éclairage public - Ville de Lyon) 2007 - DVD Chapitre 15

Page de gauche : EGLISE SAINT-NIZIER - MONUMENT AIR (Philippe Rizzotti, Milosch Luczynski et Stéphane Beve) 2010 - DVD Chapitre 14

PLACE DES JACOBINS - DANS LE JARDIN DES JACOBINS (Yves Caizergues - Laurent Graber - Antoine Trollat) 2007 - DVD Chapitre 17

Page de gauche : PLACE DES JACOBINS - LA SOURCE DE LA LUMIERE (Fabrice Oudin) 2010 - DVD Chapitre 16

PLACE DES JACOBINS - LA FONTAINE AUX POISSONS (Bibi) 2008 - DVD Chapitre 18

Page de droite : PLACE DES JACOBINS - LA FONTAINE AUX POISSONS (Bibi) 2008 - DVD Chapitre 18

PLACE DES CÉLESTINS - PERSPECTIVES LYRIQUES (1024 Architecture) 2010 - DVD Chapitre 19

PLACE DES CÉLESTINS - PERSPECTIVES LYRIQUES (1024 Architecture) 2010 - *DVD Chapitre 19*

PLACE DES CÉLESTINS - IMAGE ANAGRAMME (Heïko Höfer) 2007 - DVD Chapitre 20

PLACE DES CÉLESTINS - IMAGE ANAGRAMME (Heïko Höfer) 2007 - DVD Chapitre 20

PLACE BELLECOUR - GRANDE ROUE 2010

PLACE BELLECOUR - I LOVE LYON (Jacques Rival) 2007 - DVD Chapitre 2

COUR D'HONNEUR DE L'HÔTEL DIEU - CINQ SIÈCLES (Alain Benini) 2010 - DVD Chapitre 21

COUR D'HONNEUR DE L'HÔTEL DIEU - CORDADRA (Alain Benini) 2009 - DVD Chapitre 22

PLACE DE LA RÉPUBLIQUE - UN AIR DU LARGE (Marie-Jeanne Gauthé) 2010 - DVD Chapitre 23

PLACE DE LA RÉPUBLIQUE - NEW TONE (Jacques Rival) 2007

TERRASSES DE LA GUILLOTIERE - EN MILLE MORCEAUX DE LUMIERE (François Fouilhé - Jean-Baptiste Laude) 2007 - DVD Chapitre 24

TERRASSES DE LA GUILLOTIERE - EN MILLE MORCEAUX DE LUMIERE (François Fouilhé - Jean-Baptiste Laude) 2007 - DVD Chapitre 24

L'HISTOIRE DE LA VIERGE DORÉE DE FOURVIÈRE

Au début du XIXème siècle, la basilique de Fourvière n'est pas encore construite. La colline abrite uniquement une chapelle dédiée à la Vierge Marie. En 1830, son clocher menace de s'écrouler. On décide de le reconstruire et de le surmonter d'une statue dorée. Un concours est ouvert pour choisir le sculpteur. Trente cinq concurrents participent à ce défit. Le lauréat est JOSEPH-HUGUES FABISCH, professeur à l'école des Beaux-Arts de Lyon. Il deviendra par la suite sculpteur officiel du diocèse de Lyon et directeur de l'école des Beaux-Arts.
Fabisch participera également avec succès à un autre concours, qui immortalisera son nom : la réalisation de la statue de la Vierge de la Grotte de Lourdes.

Pour la Vierge dorée de Fourvière, Fabisch réalise tout d'abord une maquette de la statue, puis un modèle en plâtre. Mais, suite à une crue de la Saône, l'atelier du fondeur est inondé. L'inauguration qui devait avoir lieu le 8 septembre 1852, fête de la Nativité de la Vierge, est reportée au 8 décembre. Ce sera le point de départ de la tradition des Illuminations de Lyon qui deviendront par la suite la «Fête des Lumières».

La statue de la Vierge dorée veille sur Lyon depuis plus de 150 ans. Cependant, elle a été déposée en 2008 car le clocher menaçait de s'effondrer. La condensation, à l'intérieur de la statue, avait créée une incompatibilité entre le bronze et l'acier. Son socle avait rouillé et les rafales de vent faisaient vibrer la Vierge sur son support et déstabilisaient l'ensemble du clocher. La statue a été exposée sur l'esplanade de la basilique pendant les travaux de réparation de son socle, avant de retrouver sa place emblématique.

THE STORY OF THE GOLDEN STATUE OF VIRGIN MARY IN FOURVIÈRE

Fourvière Basilica had not yet been built at the beginning of the 19th century. The hill was simply the site of a chapel devoted to the Virgin Mary. By 1830, the bell tower was about to collapse. So the decision was taken to rebuild it and top it with a golden statue. A contest was launched to select the sculptor. 35 contestants rose to the challenge. The winner was JOSEPH-HUGUES FABISCH, a professor at Lyons' School of Fine Arts. He went on to become the official sculptor of the diocese of Lyons and Principal of the School of Fine Arts. Fabisch won another contest that ensured his name would go down in history – for the statue of the Virgin in the Grotto in Lourdes.

For Fourvière's golden Virgin, Fabisch first of all made a mock-up of the statue then a plaster version. The inauguration had been scheduled for 8 September 1852, the feast of the Nativity of the Blessed Virgin. But the River Saône flooded out of its bed and into his workshop, so the event was postponed until 8 December. This date was to mark the start of Lyons' tradition for Illuminations, eventually becoming the 'Fête des Lumières' – the Festival of Lights.

The golden statue of the Virgin has been watching over Lyons for 150 years. In 2008, it had to be taken down temporarily as the bell-tower was about to collapse. Condensation inside the statue, due to an incompatibility between bronze and steel, had caused the statue's base to rust. Gusts of wind made the Virgin vibrate on its base, shaking the entire bell tower. While its base was repaired, the golden statue of the Virgin was exhibited on the esplanade in front of the basilica until it was finally returned to its emblematic position.

Page de droite : CHEVETS DE L'ÉGLISE SAINT-JEAN ET DE LA BASILIQUE DE FOURVIÈRE
LE SOLEIL A RENDEZ-VOUS AVEC LA LUNE (Philippe Cotten) - 2010 - DVD Chapitre 25

RCI MARIE

Colline de Fourvière, le 8 décembre 2009.

Page de droite : CHEVETS DE L'ÉGLISE SAINT-JEAN ET DE LA BASILIQUE DE FOURVIÈRE - LE SOLEIL A RENDEZ-VOUS AVEC LA LUNE (Philippe Cotten) - 2010 - DVD Chapitre 25

COLLINE DE FOURVIÈRE - LYON EN 5 ÉLÉMENTS (Matthieu Aufort - Yves Caizergues - Frédéric Viricel) 2008

COLLINE DE FOURVIÈRE - FACE CACHÉE (Gilbert Moity) 2007 - DVD Chapitre 26

COLLINE DE FOURVIÈRE - FACE CACHÉE (Gilbert Moity) 2007 - DVD Chapitre 26

TOUR TDF / COLLINE DE FOURVIÈRE - L'HOMME DIGITAL (Sébastien Lefèvre) 2009 - DVD Chapitre 27

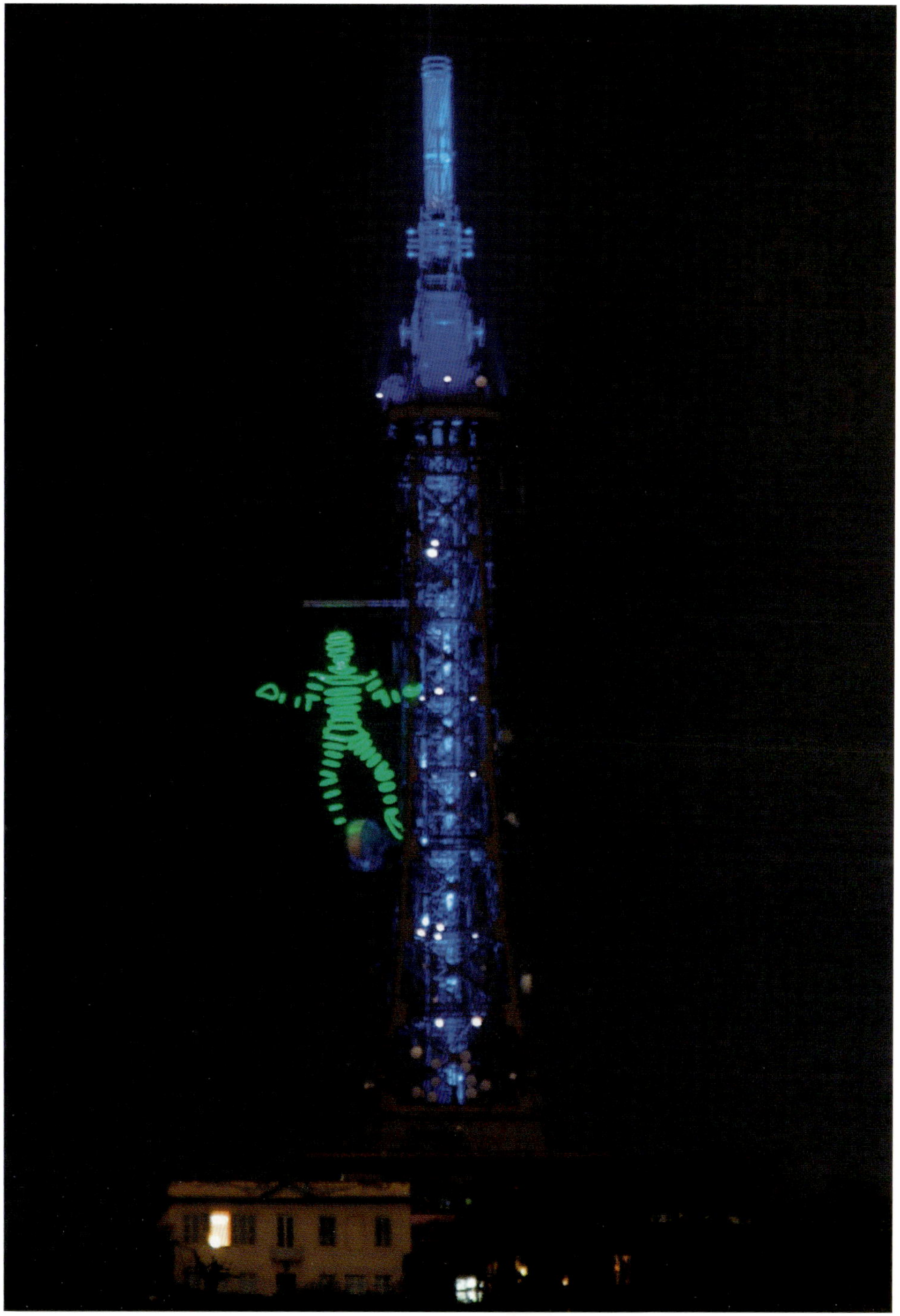

TOUR TDF / COLLINE DE FOURVIÈRE - L'HOMME DIGITAL (Sébastien Lefèvre) 2009 - DVD Chapitre 27

CATHÉDRALE SAINT-JEAN - LES BÂTISSEURS (Damien Fontaine) 2009 - DVD Chapitre 28

CATHÉDRALE SAINT-JEAN - LES BÂTISSEURS (Damien Fontaine) 2009 - DVD Chapitre 28

CATHÉDRALE SAINT-JEAN - LA VISITE DES ROIS (Patrice Warrener) 2008 - DVD Chapitre 29

LYON ET LA LUMIÈRE

Depuis sa fondation, le destin de Lyon semble lié à la lumière. L'étymologie de son nom originel LUGDUNUM évoquerait la colline de lumière, pour LUG le nom d'une Divinité solaire celtique et pour DONUM la Colline.

A travers les siècles, par son rôle politique de capitale gallo-romaine, puis de siège du Primat des Gaules, par l'imprimerie à l'époque de la Renaissance, les relations internationales liées au commerce de la soie, la Résistance à l'occupation pendant la seconde guerre mondiale, Lyon a rayonné. Mais, c'est dans le cinéma, le Plan Lumière et la Fête du 8 décembre, que se retrouve directement sa filiation à la lumière.

Le cinéma a été inventé à Lyon. En 1895, Les frères Lumière projettent, pour la première fois, des images animées à partir d'une source lumineuse. Le premier film de l'histoire du cinéma «Sortie des usines Lumière» a été tourné à Lyon. De nos jours, des techniques de projection à partir de pellicules, led, laser ou vidéo accompagnent notre vie quotidienne.

Aujourd'hui, le savoir-faire lyonnais se situe dans la conception d'éclairage architectural. Depuis 1989, le Plan Lumière a donné un nouveau visage à la cité. Devenue une composante de l'urbanisme, la lumière n'est plus uniquement sécuritaire. Elle est désormais tournée vers l'esthétisme, l'ambiance et le bien être visuel. Toute l'année, une visite nocturne de la ville révèle les monuments éclairés sous un aspect magique. Ce rayonnement international est à son apogée, chaque année, pour la Fête des Lumières.

LYONS AND THE LIGHT

Lyons has been synonymous with light since the city was founded. The etymology of its original name - LUGDUNUM – is taken to mean 'the hill of light': LUG as in the name of a Celtic solar divinity, and DONUM meaning hill.

Lyons has been a leading light throughout the centuries - through its political standing as the Gallo-Roman capital then as the seat of the Primate of the Gauls, through the printing industry in the Renaissance, through international relations linked to the silk trade, and through resistance to occupation during the Second World War. But the city's direct links with light are to be found in the film industry, in its Lighting Plan and in the celebrations on 8 December.

The movies were invented in Lyons. In 1895, the Lumière brothers projected animated images from a light source for the first time. The first film in the history of the cinema, 'Leaving the Lumière Factory', was made in Lyons. Today, projection techniques using film, laser, led and video are part of our everyday life.

Nowadays, Lyons' expertise is expressed in the design of architectural lighting. Since 1989, the city's 'Plan Lumière', or Lighting Plan, has changed the face of the city. Lighting has become an essential component of town planning. No longer merely a safety device, it is used for aesthetics, mood and visual well-being. Illuminated monuments make Lyons-by-night a magical experience at any time of the year. The annual Fête des Lumières epitomises the city's international standing.

GARE SAINT-PAUL - LES INCONGRUÏTÉS DE SAINT-PAUL (Emmanuel Sautai - Thomas Bart - Frédéric Sautai) 2010 - DVD Chapitre 30

GARE SAINT-PAUL - LES PASSAGERS DE SAINT-PAUL (Emmanuel Sautai - Thomas Bart) 2007 - DVD Chapitre 31

PARC DE LA TÊTE D'OR - INSTALLATION DE FEU (Compagnie Carabosse) 2010 - DVD Chapitre 32

PARC DE LA TÊTE D'OR - INSTALLATION DE FEU (Compagnie Carabosse) 2010 - DVD Chapitre 32

PARC DE LA TÊTE D'OR - INSTALLATION DE FEU (Compagnie Carabosse) 2010 - *DVD Chapitre 32*

PARC DE LA TÊTE D'OR - INSTALLATION DE FEU (Compagnie Carabosse) 2010 - DVD Chapitre 32

COLLINE DE FOURVIÈRE - LYON EN 5 ÉLÉMENTS (Matthieu Aufort - Yves Caizergues - Frédéric Viricel) 2008

Un événement organisé par la Ville de Lyon, une production de la Direction des Evénements et de l'Animation de la Ville de Lyon avec le soutien du Club des Partenaires Lyon 8 décembre Fête des Lumières.

Remerciements / *thanks to* :

Ville de Lyon
Club des Partenaires - Lyon 8 décembre - Fête des Lumières
CSP PRODUCTION

Tous les artistes et les concepteurs !

fetedeslumieres.lyon.fr

Textes : Christian Salès

Traduction anglaise : Pauline Beaumont

Création graphique : Jérôme Valion et Christian Salès

Crédit photo :
Grégory Olive : Couverture, p. 3, 4, 6, 8, 10, 11, 12, 13, 14, 15, 17, 18, 19, 20, 22, 23, 24, 26, 29, 30, 31, 34, 36, 37, 38, 43, 44, 45, 46, 50, 51, 52, 53, 54, 56, 58, 59, 60, 61, 62 - Patrice Pierart : p. 2, 21, 25, 27, 32, 33, 35, 39, 48, 49, 4ème de couverture
Olivar Premier : p. 28, 40, 41, 57.

ISBN : 978-2-9536799-3-9
Imprimé en Europe

Dépôt légal : 4ème trimestre 2011
ÉDITIONS CHRISTIAN SALÈS - 67, Rue Etienne Richerand - 69003 LYON - FRANCE
lyon.souvenir-dvd.com

ÉDITIONS CHRISTIAN SALÈS

DU MÊME ÉDITEUR

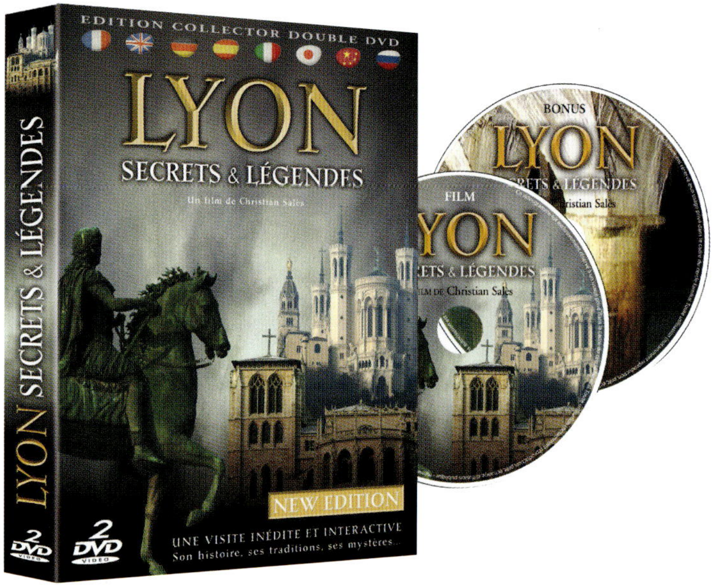

LYON Secrets & Légendes

Découvrez Lyon, l'une des villes les plus mystérieuses de France en DVD, avec ses histoires, ses traditions et ses mystères. Remontez le temps à travers l'Antiquité, le Moyen Âge, la Renaissance, jusqu'à aujourd'hui...

lyon.souvenir-dvd.com

DVD Collector Officiel

Entrez dans la magie de la Fête des Lumières avec le DVD Collector Officiel, présenté dans un fourreau avec livret. Un voyage inédit et féerique de 60 minutes.

Vol.1 - Edition 2007

Vol.2 - Edition 2008

Vol.3 - Edition 2009

Vol.4 - Edition 2010